萧敬腾：

片刻

these are the days
Jam Hsiao

永恒

萧敬腾 著

在这样的日子里，自抵达不丹开始，问候、微笑、拥抱，学会对
人的热情款待与无私拥抱。

人民东方出版传媒
People's Oriental Publishing & Media

东方出版社
The Oriental Press

图书在版编目（CIP）数据

萧敬腾：片刻／永恒／萧敬腾 著.—北京：东方出版社，2014.6
（萧敬腾的行走）
ISBN 978-7-5060-7594-7

Ⅰ.①萧…　Ⅱ.①萧…　Ⅲ.①萧敬腾—生平事迹—摄影集　Ⅳ.①K825.76-64

中国版本图书馆CIP数据核字（2014）第132399号

本书中文简体字版权通过厦门凌零图书代理，
由台湾凯特文化创意股份有限公司授权出版。
中文简体字版专有权属东方出版社
著作权合同登记号　图字：01-2014-3981号

萧敬腾：片刻／永恒
（XIAO JINGTENG：PIANKE／YONGHENG）

策 划 人：黄　娟
作　　者：萧敬腾
摄　　影：邵亭魁
责任编辑：冉华蓉
出　　版：东方出版社
发　　行：人民东方出版传媒有限公司
地　　址：北京市东城区朝阳门内大街166号
邮政编码：100706
印　　刷：北京盛通印刷股份有限公司
版　　次：2014年9月第1版
印　　次：2014年9月第1次印刷
印　　数：1—20000册
开　　本：787毫米×1092毫米　1/16
印　　张：10
字　　数：160千字
书　　号：ISBN 978-7-5060-7594-7
定　　价：48.00元
发行电话：（010）64258117　64258115　64258112

序言

　　在我的想象中，不丹一直是一个与和平、快乐划上等号的国度，当然，我也从未想过有一天，自己会幸运地站在这片土地上，看着飘扬在蔚蓝晴空的旗帜，同时聆听来自古老文明的祝福与笑意。对我来说，抵达本身，就是一件充满祝福的事情了；在这趟旅途之中，我可以持续感受到来自当地人民的善意，他们邀请我一起玩耍，陪着我微笑入镜，而他们也分享了来自天地万物与大自然的智慧——空气中的甜味、没有负担的细雨以及山间飘荡的雾气，都像一幅流动而共生共存的生命画像。

　　生活在如此遗世独立的地方，一切都是全新的体会，关于人生的价值或是乐趣的追寻。我在山间小路相遇长途跋涉却不喊苦的放牧人，我也在甜点小屋认识了再也不想离开的欧洲人……其实我无法得知会不会再回到此处，生命没有绝对，当然、最好的期待就是记忆。这次的机缘下，自己好像拥有了全新的感知方式，不再是制式化、机械化的，让我开始学会去了解每一件事的本质，而非表面的意义。或许不丹就是世界的一个隐喻吧，这个国度与这些城市，正在告诉我，什么是爱，什么是情感的拥抱。

these
are
the
days

J.T 在不丹国度所留下的第一道身影，阳光大好，天气并不如预报中的那么紧张，他想起了一种双手轻轻抚过家猫背毛的柔软记忆，此刻大概就是那样的暖和与自在。

通往Sangaygang途中，尽是布满了祈福的旗帜。

这是一处可以俯瞰不丹首府廷布（Thimphu）全景的制高点，
所有的和平与喜悦永远悬挂于此，
在城市的背后，默默祝福着每一位子民的生活。

J.T 在这高海拔的山城国度，找到了内在的宁静。

他入乡随俗，以当地方式，为这山城国度祈福，同时希望远方的家乡与所有支持自己一路往前的人们，永远有着最幸福安乐的每一日。

在不丹的每一步、每一个去处，都如同翻阅一则寓言故事的页面，可以细细领读万物自然的纯粹。
清晨飘来的雾是一道轻盈的序曲，引领 J.T 进入这国度的古老传说之中。

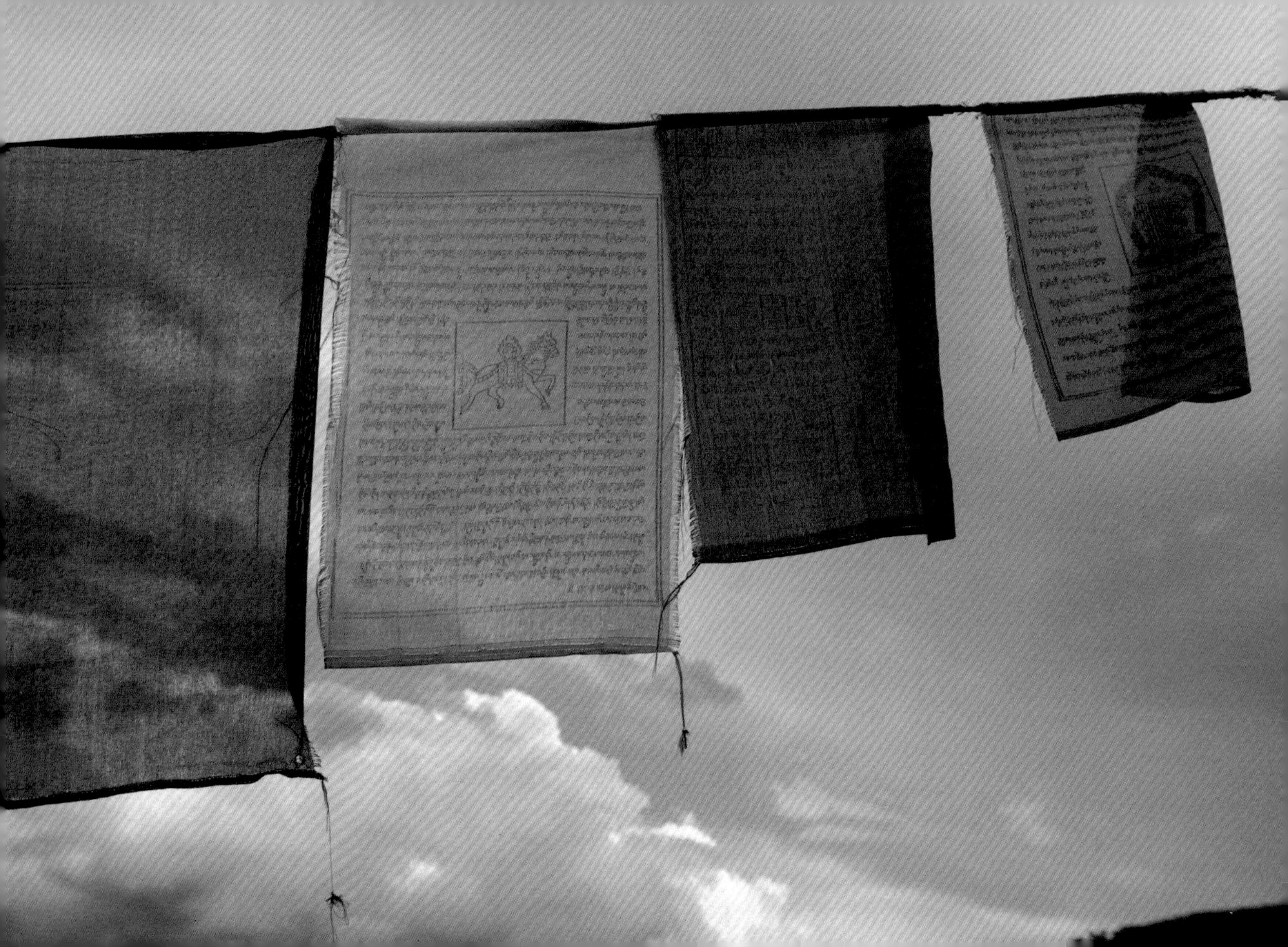

不丹的国家纪念塔（National Memorial Chorten）里的祝祷声不绝于耳，
夏末秋初，风里已经有了微微的凉意，此时最适合静静聆听、观望，体会季节转变的过程，
万事万物似乎都有了难以言喻的灵性与善意。

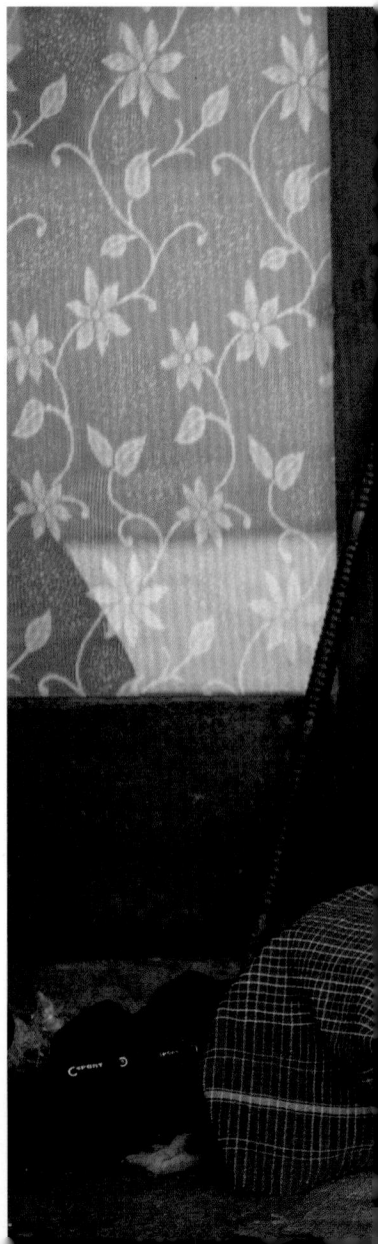

J.T 和不丹朋友们一起席地而坐，
享受大地给予的原始温度。

婆婆手上的转经轮并没有特定祝福的对象，
她说：自己只是和大家一起为世界祷告，
希望一切美好可以被永远留下，
所有的难关永不再来。

旅途中，J.T随古老的旋律同声唱和，
宛若吟游诗人那般，悠悠晃晃来到真实的不丹生活情境里。
传统住宅区的崎岖泥道，是狗儿们最理想的嬉戏场所，他们从不怕生，
因为这里是不丹人与大地万物的共同栖息地，彼此不相争，一起展望生活，
不丹人总是试图成为生命中所有访客的朋友。

当阳光温暖地照映过人们的脸，即便只是一个平凡的下午，
却能让他了解到——真实的生活才是最完美的故事，
只要愿意以爱之名，永远不会有最后的一页。

在遗世独立的不丹城都里，一分一秒都异常缓慢，压力被释放了，甚至空气里都会不时传来家乡的味道……

J.T 心想：是不是只要来到这里的人，都会有相同的感受？

J.T 一眼望去的，尽是抒情纯粹的景致：山径上漫步的牛羊、市集里流动的笑容与不断在光影中翻飞的旗帜。

o

微笑是给予彼此最好的祝福，J.T也将自己最真切的笑容留在了这里，一个短暂如光闪过的片刻，就已足够称为永恒。

在一间偶然遇见的异国甜点小铺，J.T 拾获一份意外的宁静，
上一桌客人刚走，这里成为他的独享空间，
刚出炉的糕点香气弥漫于窄小的店内。
这是异国里的异国味道，
世界的概念像是被揉制在同一块面包里，等候下一位旅人的青睐。
虽然他只是小铺的另一个顾客，却引发了异国店主的另一次思乡之情。

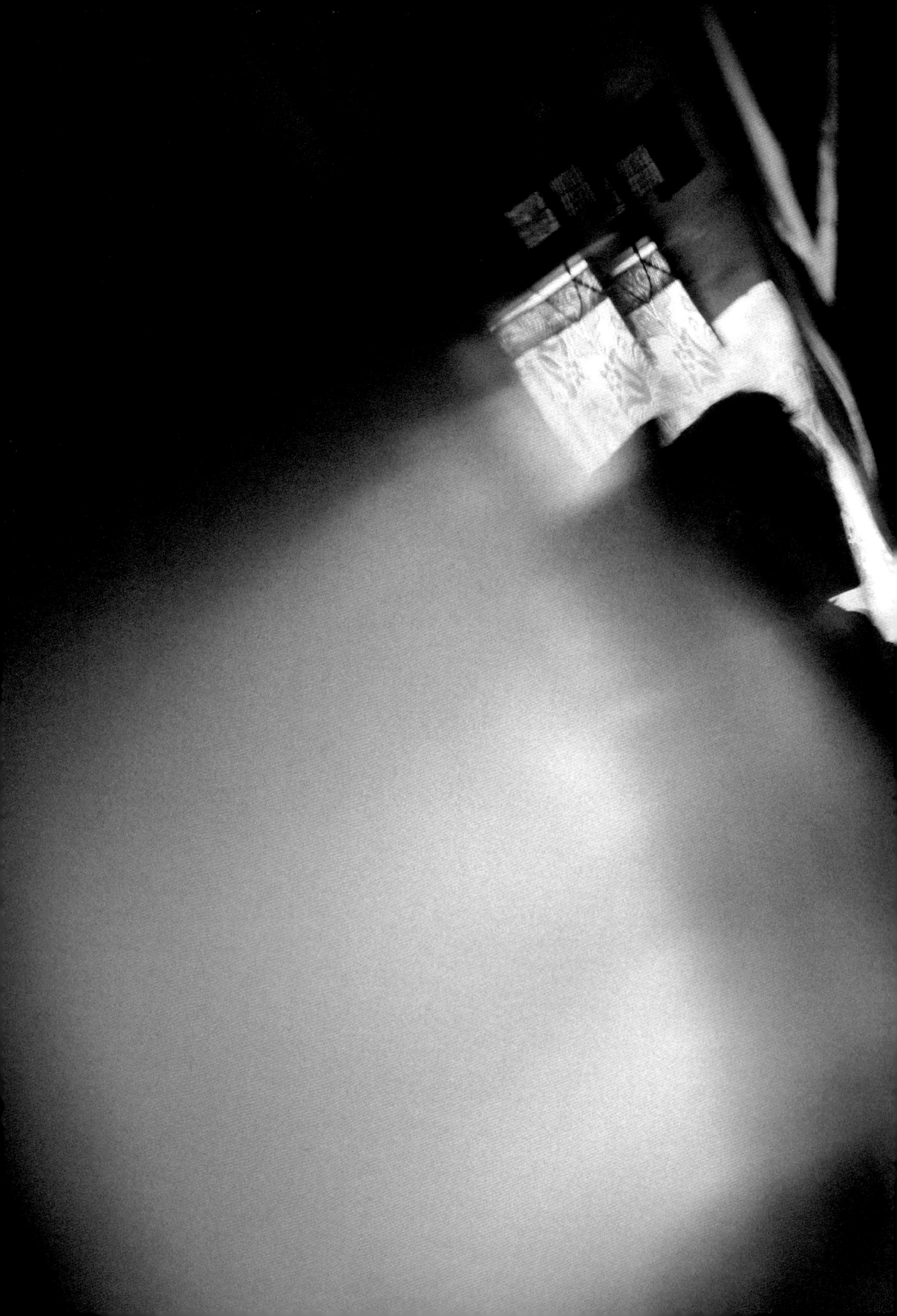

SUREE
HAIR CUT
SALO
Thimphu

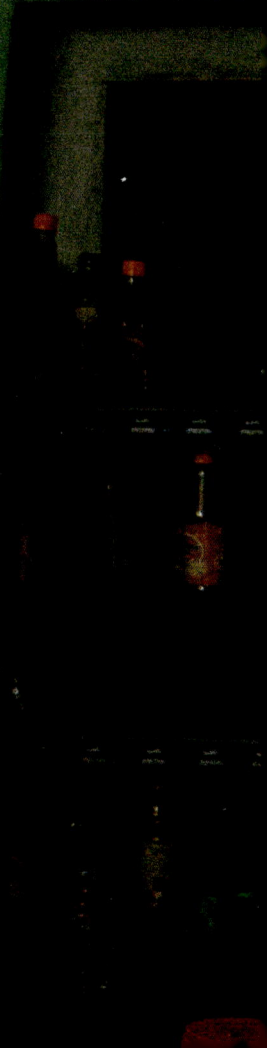

一间饰品小店里，短暂停留、憩息，亮丽的色泽，仿佛不丹独有的一曲庞克摇滚，既喧哗又宁静，既狂野又抒情。前卫的节奏里暗藏了古老的曲式，那是源自不丹人一颗守护传统的心，坚定而后心神自由，那也是最让 J.T 感到自在的地方。

从街道出发，随心漫步，体会自在、无忧的生活感受，重新理解源自内在的幸福。

廷布的假日传统市集（Vegetable Weekend Market）处处是满足与乐趣，
满地的蔬果、香料、谷粮。
小婴孩就睡在小贩父母的脚边，醒时便开始体验人生的第一课。
J.T在市集里，捕捉当地的生活片段，与孩童一起嬉闹玩耍，重新找回分享的快乐。

These are the days of the endless summer. These are the days, the time is now. There is no past, there's only future. There's only here, there's only now. — 〈These are the days〉by VAN MORRISON

这是一个纯真的国度，微笑是信仰，是众人温暖编织的梦，大地之上皆为和平主义者，
廷布山区的弯道上，J.T独自一人，重新整理连日的行旅经验，一如重温一首首的老歌，
一种无法停止、无法忘怀、无法任意模仿或变奏的经典感受。

他们约定好要记住彼此的模样，于是那对小姐妹的笑容，
就此成为 J.T 回忆里最珍贵的一部分，
因为简单而难以遗忘，因为简单，所以能够永恒地存在。

书页里的镜头对焦于宁静的幸福，来自喜马拉雅山脉南坡的神秘国度，
卸下繁忙生活的疲惫与包袱，感受和煦阳光的铺陈。

转经轮的祝福如流水一般，细密而不间断，越过起伏的山棱线，越过绵延的田野，在帕罗（Paro）城都里，汇聚成泛光的喜悦。

女学生们翻山越岭在学校之间往返，学习、阅读、展望未来。

为了看见更宽、更远的天地，虽然必须花费比其他孩子更多的时间，
她们仍努力前往在山另一头的教室，因为那里有她们的世界观、她们的理想，
以及一种深刻的对梦的憧憬，
而J.T则是她们心中的一位神秘旅人，他来自哪个国度？他的职业？
他拥有什么样的人生？
他顿时成为一道难解的谜。

当身处于世界最安静的一刻，我们可以听到什么样的自己？

帕罗公路一旁的花田，J.T 从远处走来，此刻的他像是一道诚挚衷心的祝福，悄悄来到我们眼前……

不丹之旅的最终日，回忆的第一天，
感触的终点，想象的起点，
时间停在花朵上，镜头里是风的线条，
属于郊区山路的宁静，来自不丹闲适的气息。

都楚拉隘口（Dochula Pass）拥有四世王后为国王与国家祈福而建造的一〇八座佛塔，
象征了凯旋胜利的深义。
当 J.T 推开临侧庙宇的门，感受到了被祝福包围的温暖，他默默许下心愿，
希望每个人都能以善念对待身旁的小小世界，也期盼所有人都能找到属于自己的幸福国度。

雾气反复飘来散去，喜马拉雅山脉的身影若有似无，这里仿佛是一处秘境中的秘境，来到此处的人都能忘却困扰自己的难题。

天地如此广阔无际，我们应该试着学会满足、懂得真正的简单，理解所谓的纯粹。

不丹是一种善意的象征，是一颗世界的真心。

these

are

the

days

因为这样的日子，生命重新被赋予了质量与层次。
沿途尽是善意，陆续捎来了祝福。

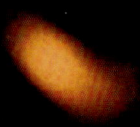